AF345397

RETAZOS

LIDIA LETICIA RISSO

©Copyright: Lidia Leticia Risso

©Copyright: De la presente Edición, Año 2019 WANCEULEN EDITORIAL

Título: RETAZOS

Autora: LIDIA LETICIA RISSO

Editorial: WANCEULEN EDITORIAL

Sello Editorial: WANCEULEN POÉTICA

ISBN Papel: 978-84-17964-61-0

ISBN Ebook: 978-84-17964-62-7

DEPÓSITO LEGAL: SE 1512-2019

Impreso en España. 2019

WANCEULEN S.L. C/ Cristo del Desamparo y Abandono, 56 - 41006 Sevilla

Webs: www.wanceuleneditorial.com y www.wanceulen.com

Email: info@wanceuleneditorial.com

Reservados todos los derechos. Queda prohibido reproducir, almacenar en sistemas de recuperación de la información y transmitir parte alguna de esta publicación, cualquiera que sea el medio empleado (electrónico, mecánico, fotocopia, impresión, grabación, etc.), sin el permiso de los titulares de los derechos de propiedad intelectual. Cualquier forma de reproducción, distribución, comunicación pública o transformación de esta obra solo puede ser realizada con la autorización de sus titulares, salvo excepción prevista por la ley. Diríjase a CEDRO (Centro Español de Derechos Reprográficos, www.cedro.org) si necesita fotocopiar o escanear algún fragmento de esta obra.

Este libro se lo dedico a las personas más importantes que atravesaron mi vida y que hicieron posible esto que estoy haciendo, al Doctor Don Aníbal Ferrer y para Don Emilio Pérez Delgado, mi agradecimiento, por su ayuda incondicional.

Para mis padres Oscar y Leticia, mis hermanas Delia y Mirta y para mi querida Ayûn, mi mascotita amada.

Muchas veces, el correr de los años despedaza las esperanzas, mata los sueños, y no reconoce la alegría, que aunque esporádica, solía presentarse algunas veces. Entonces, aparece el fantasma de la vida, que nos dicta al oído el recuerdo vivo de aquellas ausencias, y de ese modo, podemos plasmar los "RETAZOS" que lejanos reaparecen, para hacernos llorar, para hacernos vibrar y para que volquemos la enseñanza del amor y del dolor y la repartamos entre la gente, a modo de enseñanza. En consecuencia, podremos comprender, que también con el paso de los años, aprendemos otra forma de vivir, que es la de dar...., dar amor, comprensión, contención a aquellos seres que lo necesitan, y así vivir en paz con nuestro propio silencio.

CÓMO SE HACE?

Cómo se hace?
para detener
el tiempo,
de los momentos
felices
y prolongarlos
por siempre,
hasta saciarnos
de alegría?

Cómo se hace?
para honrar
la vida,
cuando
las ilusiones,
se han quebrado,
las heridas sangran,
y se vive sólo,
con las sombras
de la noche?

Cómo se hace?
para no reprocharle
a la vida,
el derroche sinfín
de lágrimas,
las miradas
poco sinceras,

las dudas dispersas
del alma
y un camino,
tan lleno
de obstáculos?

Cómo se hace?
para que el espíritu
no muera,
y se sostenga
joven?

Cómo se hace?
para atrapar
la alegría,
que pasó por aquí,
un día
y se negó a quedarse
Cómo se hace?

TRANSMUTACIÓN

Cierro
los ojos,
los aprieto fuerte,
para ver
que hace mi padre,
allá….,
en el más allá.

Me desdoblo,
me convierto
en espíritu,
soy alma misma,
soy pájaro¡,
soy dragón¡
soy todo,
 lo que deseo ser¡¡

Me subo
a una nube,
en forma de escalera,
nunca llego….,
donde deseo llegar,
asomo
mi cabeza,
miro
para todos lados,
no lo encuentro,
él no está¡¡¡¡

Corro y salto,
de una nube
a otra,
donde padre,
donde estás?

Deseo verte,
y que me digas,
si estás bien,
y cómo es ese lugar,
quiero saber,
si me guardaste
un espacio,
nada aquí,
ya es igual¡

Todo
 ha cambiado….,
mi pecho,
tiene tu luto,
mis ojos
tu eternidad,….
están perdidos,
buscándote…,
por eso dime,
¿dónde estás?

EL BOSQUE

El bosque,
se reserva,
su derecho
de admisión,
entrenando
a un escuadrón,
para defenderse

Acéfalo,
su territorio
considera
meritorio resistir
en rebelión,
y con garras
muy leoninas,
el hachazo
de su suerte

Observaba,
con tristeza,
sus árboles
centenarios,
erguidos,
heridos
y sigilosos
y aquélla
maleza saludable,

por donde corría,
potente,
un torrente de savia,
arrasadora

Oía,
el trinar,
de sus pájaros,
de siempre,
aspiraba,
la azucena,
la amapola
y el aroma
del jazmín,
que emborrachaba,
sus horas

Porque....,
la llegada
inminente
de lo predecible
se presentó,
y presentía,
por añoso,
lo peor

Ordenó
a sus soldados,
gritar
con todas sus ganas,
pidiendo piedad,
en sus ruegos

Las cenizas
por allí derramadas
borraron su historia,
y aquellos momentos,
que almacenaban la gloria,
las borró de un zarpazo,
el viento, que por allí pasaba¡¡¡

EL PUENTE

Embriagada,
cansada
de soledad
frecuente,
espera
grandilocuente,
la fuente pesada
que salpica
y rubrica
el agua,
que otrora,
fuera cristalina.

Iluminado
el puente,
ansioso espera,
la visita
de las pisadas
cansadas
del autor
de su capítulo,
pintado
de acuarela

Es tarde…,
no llega,
es la hora,
y no se presenta,

la neblina
se esparce…,
se produce
el climax

El tiempo
es remoto,
el reloj
desespera
y la luna
lagrimea

Una estrella
fugaz, avisa……
y todo se paraliza,
porque ya no vendrá,
no se presentará

Enjuto
pero de luto,
radiante
como diamante
esbelto
y atormentado….
resuelto
y abandonado

EL TÚNEL

Difusas,
siluetas negras,
como espíritus
inquietos,
vuelan por el túnel,
como almas
sin paz,
sin descanso

Riñen,
entre ellos,
se disuelven,
se infiltran,
por debajo,
de las puertas,
de los subtes,
que circulan

Ofertan,
su mercadería,
pero la gente,
no los escucha,
se irritan,
por ello.

El chirrido
de sus voces,
retumba
en mis oídos,

aturden,
eluden,
se pelean,
se urden,
se amenazan,
se abrazan,
explotan
sus venas,
que despiden
penas,
salpicadas
de angustias

Fue
tragedia…,
miseria humana,
trabajo,
en condiciones
adversas,
perversas.

Sus almas,
pululan,
por estos pasillos

Mucha gente,
quedó,
en el camino,
mucha sangre
derramada

EL TONTO

Decíase,
que era tonto,
que no se podía,
en él
confiar

Que era,
incapaz
y muy chato,
imposible
de fiar

Vestía,
túnicas
grandes,
balbuceaba,
para hablar,
y usaba
enormes
zapatos,
para poder
caminar

Su cabello,
largo
y brilloso,
siempre
llevaba
anudado,

y su cara
reflejaba,
la ternura
de la paz

Subióse
un día
a una nube,
y preparó
su discurso

Llamó a todos,
uno a uno,
y elevando
su mano,
señaló

No soy
tonto,
soy …
bonanza
y sin que ustedes,
lo noten,
cuando
¡tonto, me llaman¡,
sonríen,
y eso…
me basta

EL TREN PARTÍA

El tren partía,
los pasajeros
subían
uno a uno,
reinaba
un completo silencio,
y de ese modo,
iban tomando
asiento.

La ensordecedora
sirena,
anunciaba,
la partida
del convoy,
pero nadie emitía,
palabra,
gesto o sonido.

Miedo
a lo inesperado….
a lo desconocido….
fobias,
rabias

La máquina…,
se perdía entre
 las gordinflonas nubes,

e iba haciendo
paradas,
en diferentes estaciones,
subían más y más
pasajeros
y el miedo a lo ajeno…
los consumía.

De repente…
un olor
agradable
a jazmines
y violetas,
un vuelo
de golondrinas,
y un trinar
de pájaros,
anunciaron
 la llegada,
de una figura
delgada,
que se reflejaba
en los vidrios,
de una inconmerusable
pureza,
con su cabello largo,
su vestimenta humilde,
y el sol…,

que había salido…
todos los miedos….,
disipó

Luego… ,
comprendieron
que ese viaje,
era el final…,
o el principio,
de otro comienzo

ELLOS

Cómo
podría quitarles
la vida,
a mis queridos
fantasmas

Ellos,
son los que me anuncian,
la llegada
de la nada

Ellos,
merodean
la casa
cuando
estoy ausente,

Como vigías,
ellos espían
y me advierten

Comparten
mis dolores,
mis sinsabores
y mis pocos
momentos,
de felicidad

Ellos…..,
los que no recuerdan,
los que no reprochan,
aún,
cuando no gozan,
ni siquiera
de esperanza

Ellos,
mis compañeros
de siempre,
los únicos dueños,
de mis secretos,
los que secan
mis lágrimas,
cuando lloro,
en silencio

ES UNA PENA¡

Es una pena,
que fallezca
la luna,
y salpique,
del cielo
a aquélla
estrella,
que alegre,
nos alumbra

Es una pena,
que el amor
muera,
después,
que hubiera,
existido

Es una pena,
que la dicha
se esfume,
y que el perfume
de la flor,
se evapore

Es una pena,
que lo bonito,
se dirija
al infinito,
y que allí
perdure

Es una pena,
que el pájaro
emigre,
cuando
hay tristeza
en el alma

Es una pena¡

ESTÉRIL SUEÑO

Fingir,
la generosa alegría,
que otrora,
cierta fuera.

Entregarle
a la ausencia,
la muerta
personalidad,
de una infinita vida,
cuasi estéril

Desolación
y desesperanza,
de ese sueño
que murió,
fue velado
y enterrado.

Marcha
el cortejo,
camina lento,
aplaude
al muerto,
lo adula,
se compadece,
pero este,
yace inmóvil,
ya no siente.

Lágrimas
mullidas,
hinchadas,
desesperanza

Funeral,
despojo,
de los desposeídos,
ojos henchidos
de dolor,
por lo que alguna vez,
esperó
y nunca
se presentó

SOLEDAD OVEJUNA

Sol,
luna,
soledad
ovejuna

Como
la puna,
como todos….
y ninguna

Como
la roca,
que impertérrita,
cierra su boca

Como
aprecia
el necio,
su fortuna

Como
amasa
la amenaza,
su apremio
sin dueño

Hoy,
no puedo
esperar
el mañana

Hoy,
sueño''

LA HENDIJA

Por la hendija
observaba,
aquella
noche estrellada

Sus ojos
incoloros
y sus cabellos
de plata,
se escondían
de la gente,
porque no tenían
ganas

Su memoria
recordaba,
ayeres llenos
de historia,
y días de gloria,
de un pasado
de alegrías
y de dolores
sin causa

Pero ahora…,
su mundo,
ya no tenía
mañana,

sólo esperaba
el regreso
de aquél ser
que una vez..,
amara

Se negaba
a abrir la puerta,
solo….,
por la hendija
miraba

Se sintió,
lagartija
y zigzagueaba,
se sintió
un engendro
y lloraba…

Se sintió
un muerto vivo,
sin ilusiones,
'sin nada'

VIOLÍN DE AMOR

Como
un violín afinado,
el amor...,
se ha presentado

Bien educado
y alerta..,
ha golpeado
su puerta,
con estilo

Disfrazado
de ángel...,
la invitó
a volar

Su corazón..,
paralizado,
ha encontrado
de pronto
la ternura,
de la belleza
más pura,
del amor

Su dolor,
se ha esfumado
y su alma,

ha brotado,
como pimpollo
de flor

Aspira
el perfume
de la magia,
expira
la nostalgia
y estallan,
destellos
de pasión"""

EL MIEDO

Enfrentarás
el miedo
y luego…,
la tempestad

Y serás,
el dueño..,
que una vez…
tuvo un sueño
y tu propietario,
sin duda,
serás

Te hundirás
en un pozo,
que parecerá..,
no tener salida..
y de pronto,
cuando creas
no tener
mas esperanza…,
'arañarás'

Te lanzarás
del aire…,
sin paracaídas
y cuando
de nariz
veas,

que te harás
añicos,
vendrá un ángel
y te salvará

Y así la vida,
te probará,
para que crezcas
y caerás
de nuevo….,
Y..
de nuevo…,
te habrás
de levantar

Y cuando
tu hora llegue.,
volarás
muy lejos,
atravesarás
espejos…,
y no los romperás

LA MAÑANA

Se ruboriza
la mañana
tibia,
porque nace
esbelta,
porque crece
bella,
porque robó
una estrella,
y la guardó
en su alma

Trama
un plan
y se sienta
en el diván,
a esperar
su desayuno

Pero..,
nadie la oye,
nadie la ve

Ella
silva, canta,
hace ruidos,
pero todos
los sonidos
vanos,

que emite,
a nadie
hace,
ni siquiera
percatar

Esa casa
solitaria,
no la recuerda,
está sorda,
está ciega,
no habla,
solo
se describe,
sedienta
de soledad

LA REJA

Su lánguida
mirada,
atravesaba
la reja,
y se perdía,
en la nada

Caminaba,
por las nubes
y pisoteaba,
el silencio

La historia
de sus retinas,
peregrinaba
y murmuraba,
extraños sueños,
que sin dueño,
vociferaban

Sus ojos,
color caramelo,
veteados,
de terciopelo
y sus canas,
sin ganas
del color
del cielo

Amurada
a una ventana,
de esa casa
sin mañana,
sin ilusiones,
vagó…,
por los rincones
y fue a morir,
en aquélla
plaza

LA MESA

Envenenado
de amor
y lleno
de tristeza,
se levantó
veloz…,
de la mesa

Le pegó
con el puño
cerrado..,
sumando
mas dolor,
a su dolor

Y caminó
por la casa,
recordando
la historia,
de cada rincón

El rencor,
invadía
su alma
y se prometió,
no perder la calma

Es que
fue tan larga
la espera
de ese milagro,
que jamás
se presentó,
que un sabor
amargo..,
en su boca,
de pronto,
lo invadió

Se tendió
en su cama,
respiró profundo,
rezó una plegaria,
y se marchó

Mientras….,
su mecedora..,
se meneaba sola
y lo despedía,
con un adiós'''

DIBUJANDO

Dibujando
navega nostalgias,
venera alegrías
y genera fantasías
a su antojo

El pincel,
va sorteando
melancolías
afónicas,
que gritan
victorias irónicas,
que la memoria,
recuerda
con valentía

El pastel
le va dando forma
a los océanos,
redondea
hemisferios
y cruza
por continentes
de ternura

Dibujando,
el dolor
se duerme,

pintando,
la alegría vuelve
y escribiendo…,
la soledad
se disuelve

Dibujar
el amor y el valor,
descubre el placer,
de volver a nacer

CIENTOS,
MILES, MILÉSIMAS, Y
MILLONES DE BORBOTONES

- 45 -

Cientos
de lágrimas,
miles de dolores,
milésimas
de alegrías
y millones
de sinsabores

Borbotones
de tristezas,
y una pobreza
que no se explica,
nos acecha….

Proyección
escandalosa
de un monstruo
que se seca,
que nos conduce
a una meta,
donde acosa
la impericia
y la violencia

Esa…, que osa…
gobernar
nuestros destinos,
depredados,
perimidos,
obcecados,
sin caminos

Si la vida
se acabara
y otra vez….
comenzara,
fuentes
con agua fresca
se llenaran
y las angustias serían…
para siempre
desterradas

PATRAÑAS

Eximias patrañas,
que envuelven
marañas,
y una vida,
de mentiras

Feroces, arañan..,
con artilugios,
con artimañas

Con falsa
apariencia
de bondad,
inspiran piedad,
y engañan

Con vilezas
de certezas,
bondadosas,
se llaman dichosas,
pero son,
tramposas

Esconden,
sus garras felinas,
todo, lo pueden
disimular

''Para que
más hablar''
si sólo basta
mirar sus ojos
llenos de odio
y su aúrea,
tan negra,
como feroz

Ellas ignoran,
que a la hora,
de marchar todo,
lo han de purgar

Sus oscuros
sentimientos,
sus tormentos,
y su cruel
debilidad''

COMO SERÍA MI NIÑO?

Como sería,
mi niño?,
si lo pudiera,
tener

Como querría,
a ese niño,
si él,
se dejara querer

Tal vez….,
él creyó,
no ser, necesario
aquí''

Si así,
lo quisiste,
niño,
tal vez….,
es mejor
así.

LA MALETA

Tomó,
la maleta
con prisa,
y dejó
su sortija,
apoyada
en aquélla,
cómoda,
vieja
 y gastada

Observó
el dormitorio,
su rincón
y lagrimeó..,
en silencio

Ese…,
que fue
su espacio,
hacía tiempo
estaba tan frío
y tan vacío,
que no vaciló

Gritó,
muy fuerte..,
para adentro,
apretó los puños,

queriendo
atrapar el dolor
y huyó…,
sin decir
palabra

Sostuvo
un murmullo,
disfónico
de amor

Bajó
la escalera
portando
el bagaje,
fueron….,
años de ceguera,
de muchas
primaveras,
de miradas
congeladas,
y de alboradas
eternas

TAL VEZ…..

Tal vez,
esta noche…,
lluevan meteoritos,
caigan
estrellas fugaces,
y nazca
una esperanza

Tal vez,
una nube
gordinflona,
se disfrace,
se pinte los labios,
se ponga,
sombrero
de gala y corbata.
y coloree
sus blancos pómulos,
del color
que le plazca.

Tal vez,
la luna hoy,
se enamore,
y lluevan
cenizas de plenitud
en algún lugar.

Tal vez,
nazca el amor,
se abra una flor,
o se rompa
una piñata

Tal vez….

EL GLOBO

Aquél,
bello globo,
libre,
elevó, su vuelo

Salió,
de esa cárcel
donde preso,
lo tenían

Un deseo,
una partida,
cumplida
y un piolín
que le colgaba
de su raba,
que con gracia,
lucía

Y más...,
y más...,
se elevaba,
le faltaba aire,
se desinflaba,
pero igual,
le daba lucha

Así su alma,
con calma
de libertad,
también,
la crueldad
encontraba

Decidió..,
volverse,
se pegó,
en el techo,
se rió
de todos,
hasta guarecerse

Sus pómulos,
rozagantes,
eran pálidos,
ahora y su voz,
debilitada
nada profería

Gritó,
muy fuerte,
un silencio,
mientras
un tren...,
partía

OTRAS VIDAS

Otras vidas,
en otras esferas,
muchas almas
que nos esperan

Otros viajes,
en otros parajes
otros pasajeros,
que sufren
por los que nunca
llegan

Otros colores
en otros mundos,
otras rarezas
que se nos niegan

Otros mares
y otros caminos,
otros océanos
u otros destinos

Pero al fin
todos los mismos,
pues todos
nos conocimos

Sentires
de las mismas
almas
en otros cuerpos,
de los mismos
corazones,
en otros encuentros

Al revés
o al derecho,
de atrás
para adelante,
somos
los mismos
aventureros errantes,
en diferentes
caminos

Con horarios
diferentes
y con los mismos
destinos

ARMONÍA, AMOR, DICHA Y ODIO

La armonía,
no se compra,
ni se vende
se decanta,
se digiere,
porque,
lo que más prefiere,
es la dicha,
de la paz

El amor,
no se suplica,
se rubrica,
por si mismo,
y se duplica,
cuando es amor,
de verdad

La dicha,
no se fía,
es transparente,
como el agua serena
y tan roja,
como el fuego,
del desvelo,
que produce
la alegría

El odio,
no tiene par,
es un mal
espiritual,
una enfermedad
maligna,
es un arma,
muy letal

Corroe,
destruye
por dentro,
y se llama
al descontento,
definiéndose,
casual

YA NO PODRÍA

Ya no podría,
irradiar,
aquélla,
diáfana sonrisa,
o aquélla,
alegría mágica,
que a todos,
atraía.

Ya no podría,
mirar a los ojos
y decir te amo,
porque mis ojos,
son glaciares.

Ya no podría,
cargar más,
equipaje ajeno,
porque mi espalda,
se ha encorvado,
y mi corazón…..
se ha cansado

Ya no podría,
disipar mis dudas,
fingir ausencias,
ni creer a ciegas

Ya no podría
disimular,
lo que ya no tengo,
¡ya no podría¡

VEN VIENTO

Ven viento,
acaricia mi cara
y llévale
esa caricia
a mi padre,
porque él,
la necesita

Dile,
que mucho
lo extraño
y que le envío
en tu caricia,
todo mi amor

Llévale también,
las cenizas
de mi dolor,
que están
en mi jardín,
guardadas

Espárcelas
a su alrededor,
para que no se sienta solo

Llévale
mi oxígeno,
perfumado
con el olor
de una flor

La flor,
 no debe ser,
una flor
cualquiera
debe ser
sólo azucena,
su…. flor¡¡¡

Sílvale,
un tango al oído,
y pronto
estará contigo,
porque él
es melodía…,
él es…,
la misma canción¡¡¡¡

Dile
que todavía
lo amo,
que cada día,
lo extraño
y que cada día,
más lo quiero¡

LA DAMA Y EL POBRE

La dama,
se vistió de negro,
porque viuda quedó,
de esperanzas

Y el pobre,
se vistió de verde,
para llevar
su mortaja

Ambos,
eran tan unidos,
que siempre
se acompañaban

Ambos,
tenían sueños,
esos sueños,
que enterraban

La luna,
pidió una tregua,
los astros
y los planetas,
lloraban

Pedían a gritos
el loco abrigo,
que hacía tiempo,
que les negaban

SUSURRO DE UN ÁNGEL

Cadenas,
tenía su alma
y rejas su corazón,
era…. la prisionera,
de un infinito dolor

Un,
inesperado día,
bajó,
un blanco ángel,
lleno de luz

Desplegó,
sus grandes alas,
y ella supo,
comprender,
que llegaba, por fin…,
la esperanza

Nada,
ha de ser,
para siempre,
le comentaba al oído
ni el amor,
es sostenido,
ni el dolor
siempre es fingido,
ni el camino…,
tan fluído,

Un sentir
que fue olvidado,
un pesar....
que ya es pasado,
y un futuro
de rosas,
muy cercano

PARA PACO, CON AMOR

Al mar acudía,
cada día..,
sembrando
en el puerto,
el sustento

Nació,
en el Mediterráneo
el caballa
del salitre,
le decían,
cosechaba flores
en el agua
y corrían
por su sangre,
venas,
de puerto caliente

Barcos,
llegaban...,
de tierras lejanas,
y él..,
allí..., los esperaba
cada mañana

¡Paco!
vida y esperanza,
¡Paco caballa!
espíritu y fuerza
de Ceuta,
y de su familia
amada

Su bicicleta
compañera,
corroída,
por los vientos
llevaba en su canasta,
para los viajeros,
alimentos

Honrarte
como padre quiero,
y como luchador
sin fatiga,
tu espíritu está
en tu hijo,
y en tu hijo,
tu semilla

'Y vivan
todos los Pacos.....,
'que cuidan
de su familia'''

EL SOL VUELVE A BRILLAR

El sol, bajó,
se instaló
en el lago
y vió su reflejo
apenado
mientras,
sus lágrimas,
caían como perlas

El agua
cristalina,
lo miraba,
y sus lamentos,
eran tan ciertos,
como dolorosos

Sus ojos,
tan dulces,
como,
la misma mañana
sufría,
de ausencias,
de falencias
ingratas

Pero….,
a un costado,
otro astro,
lo escuchaba

Se acercó,
lo llenó
de caricias,
trató de consolar
su tristeza,
y juntos
decidieron,
esa noche,
pernoctar

Mientras
platicaban…,
acerca,
de que lo malo,
pasa..,
que lo mediocre…,
siempre amenaza,
pero….,
al fin.., lo bueno,
prevalece,
dando paso,
a la esperanza

SALIDO DE UN CUENTO

Atrapó, la nostalgia
en el pañuelo,
y en su desvelo...,
se elevó

En vuelo,
mágico y placebo,
hasta allá,
hasta
el mismo cielo..,
lo que siempre
soñó

Se recicló,
saludó,
con su galera,
y larga,
se hizo la espera,
del encuentro
que tanto esperó

Como salido
de un cuento,
se dibujó
una sonrisa
tan felíz..,
cuanto enigmática

Sacudió
la esperanza,
secó su mejilla,
se puso,
sus zapatos rojos
y emprendió
el camino,
de regreso
a casa

Un camino
sin dueño,
donde no existe,
el infierno,
donde todo
es ternura,
y la belleza,
es tan pura,
como el mismo aire,
que siempre,
perdura

SIGO BUSCANDO A MI PADRE

Sigo
buscando
a mi padre,
cada día,
cada mañana

Lo busco,
en el rostro
de otra gente,
en el celeste cielo,
en la voz...,
que escucho,
a través,
de mi ventana

Miro su foto,
recuerdo
su cara,
su hermosa
sonrisa,
su ternura,
su clara mirada,
y eso....,
me calma

La tomo,
la aprisiono
contra mi pecho,
y bailo con ella
abrazada

Mientras,
lloro y río,
alegre me pongo,
porque pienso,
que está aquí,
conmigo...,
a cada momento,
en mi almohada''

Sé,
que no debo
molestarte Padre,
sólo pretendo,
que sepas,
que recordarte,
'es de un hijo
que te ama'

NO TODO TIENE QUE RIMAR

Alguien...,
una vez dijo,
que no todo...,
tiene.., que rimar,
se refería,
a las cosas
de la vida,
a lo existencial

A veces...,
observando
alrededor...,
se puede ver
la tristeza..,
la pobreza
y el dolor

La alegría..,
a veces...,
también llega presta...,
pero....,
como pocas,
dura instantes...,
y se va'''

El amor..,
se presenta,
inesperado
cansado
y cegado,

prepara
su atuendo,
hace
mucho estruendo
y luego..,
se esfuma,
sin avisar

Para dar paso
a la luna.....,
primero se instala
la bruma ...,
la escasa
visibilidad

Algunas
mesas....,
están llenas
de comidas,
mientras otras..,
sin fortuna,
vacías están.....

Las acompaña,
un mantel...,
y una vela......,
que espera
con pena la cena....,
que llora la ausencia
de apenas...,
el pan

HEGEMONÍA

Hoy…,
es uno
de esos días,
que reina
la hegemonía

Hoy…,
seguro
que los dioses,
nos enviaron
precoces,
calma
y sabiduría

Llena
la luna
y plena
de paz,
pide
un impás
y brilla,
con osadía

Armonía
hay…,
hasta
en el silencio
y el ruido

Pues
ni Satánas
se atreviera,
a quemar
en su hoguera,
un día..,
'como dijera',
'un día,
de tanta
paz'

SE ARRODILLÓ EN SILENCIO

Sobornó
a la esperanza,
pues le temía
al olvido

Se puso
un negro vestido,
que desteñido,
sufría
el ultraje
del tiempo

Miró
en el espejo
su rostro
agrietado,
que se veía
feo y cansado

Urgueteó
en el ropero
y encontró
un viejo
sombrero,
que opaco
de abandono,
gritaba
de viejo

Se arrodilló
en silencio
y solicitó
permiso,
para marcharse
muy lejos

Y LA PAZ...., QUE NO LLEGA

Banderas oxidadas,
embriagadas de tristeza
y diferentes culturas,
que sufren
los envistes del dolor
y el estupor de una bomba,
como resultado
de tanta bajeza

Lenguas que olvidadas,
fueron arrebatadas,
como signo indigno,
de la identidad
de la pobreza

Servilismo,
de gruesas cadenas
de hambre,
de todos colores,
si negro, si blanco
si azul o amarillo,
todos somos el producto,
de ese crisol de razones,
que busca explicaciones
y no las encuentra

Allá…, en aquel lugar
que ocuparon
girasoles orgullosos,
que erguidos saludaban,
hoy avanza el pasto seco,
no ha lugar, a la alabanza

Y la paz….,que no llega
y el agua que se diluye
y la dignidad, que no alcanza

Abracemos el aire,
las flores, las plantas
y solo unidos y juntos,
podremos construir,
la mejor de las mañanas"

HABRÉ DE VER

Habré
de ver
si el destino,
va de la mano
del olvido,
o si ha resuelto
enfurecerse,
al conocer
la verdad

Nada
más vano
ni extraño,
que haber
sufrido
de engaños,
en honor
al que dirán

Habré
de ver
mil amores,
que luego
de sinsabores
al precipicio
caerán

Habré
de ver
al austero,
al piadoso,
al cobarde
y al villano
dirigirse todos,
al mismo
lugar

Habré
de verme
partir,
sin emitir
una queja,
sin ocultar
los fracasos
y no he de volver
jamás

HISTORIA DE UN OLVIDO

La historia
relata,
la crónica
de un olvido
inmerecido

El dolor,
acompañado
de fracasos,
y el amor,
rodeado
de suspiros

Vampiros
en la noche,
recorren
las veredas
mojadas
y las calles
desiertas..,
cubiertas
de nada

El césped,
llora de rabia
y se refleja
la angustia,
que mustia,
nada reclama

El viento
pasa tímido,
mientras
el árbol,
emite
raros sonidos,
de calma

Aquellos días
de gloria,
húmedos
de memoria,
mataron
su alma

MI ADORABLE COMPAÑERO

He de escribirte
hoy..,
mi adorable compañero
para decirte,
cuanto te quise
y te quiero

Fuiste,
mi amor mas puro,
mi Dharma
mi cielo y mi montaña,
y mi césped fresco,
con olor a mañana

El elixir
más brillante
y el calor más tibio,
que jamás…,
conoció mi alma

Hoy habré
de abrazarte fuerte,
fingiendo
que eres mi almohada,
para encontrar
a tu lado,
el calor que me brindaras

Ni los pasteles
de los mejores pintores,
ni los óleos mas alegres
y atrevidos,
podrán describir,
inconmensurable
semblanza

Nahuel..,
mi mascota amada

Destrozado
mi espíritu ha quedado,
cuando marchaste ese día,
que se quedó sin mañana

Mi corazón ascendió
hasta una nube,
para asistir tu llegada
y de rodillas imploró
a un ángel,
que por favor, te cuidara

Que te llenara
de mimos
y que siempre..,
te acariciara

HOY HACE UN MES

Hoy…,
hace un mes
que su mirada
no me mira,
que su ternura,
ya no tengo.

Hoy..,
hace un mes
que el sol no brilla,
que las estrellas
no alumbran
y que del cielo, caen..,
solo lágrimas
en forma incesante

Hoy..,
hace décadas
que mi alma sufre..,
que mi corazón, no late
y milenios…,
que mis órganos
reclaman

Hoy..,
nada se amalgama,
los pedazos de mi cuerpo,
me reclaman
y no tengo voluntad,
para asistirlos

Hoy.., la vida
sigue inexorable
y yo aquí..,
sin encontrar alivio

Otro dolor,
sobre las mismas heridas,
otro amor
que se ha marchado
implacable

Y el tiempo..,
que inexplicable,
se sigue sucediendo
y aniquila

LA DAMA DE BLANCO

Vestida
de blanco
la dama,
vino a mi encuentro,
llegó...,
una mañana

Me tendió,
su mano
emitió
una dulce sonrisa,
me dijo,
que me esperaba

Solicité permiso,
a mis queridos seres,
debí consultar,
yo...,
no estaba preparada

No era por mí,
que dudara,
sólo que yo sabía
que todavía,
había gente,
que aún,
me necesitaba

Dubité
un momento,
ví su silueta resuelta
era muy agradable,
la dama,
le pregunté si su ruta,
era…, pasar
por mi ventana

Ella,
respondió,
con un silencio,
y yo pregunté,
cual era el precio
si aceptara?
no obtuve,
respuesta alguna

Agradecí,
su visita
y le pedí que volviera,
que de mí,
no se olvidara

Cuando…, llegara
el momento,
habría,
de acompañarla''''

EL DESTINO

El destino,
tomó asiento,
en el medio
del camino

Contempló
el arduo sendero,
que adelante lo esperaba
y supo que sin ayuda,
no podría
lograr nada

Su misión,
fracasaría
y su omisión,
no admitiría
márgenes de esperanza

Entonces..,
sabio y pensante
y en busca
de soluciones,
preguntó a los
corazones exhaustos,
a las almas arrugadas
por el llanto
y a las mentes
preocupadas,

si el hallazgo
literal,
podría recomenzar,
para encontrar
las razones

Un
mutismo congelado,
de cansancio sobrado,
sin voluntad
y sin fuerzas
para seguir adelante,
lo obligó
a discernir

Él.., ayudaría
a cualquiera….,
a quien decidiera
seguir

EXISTEN LOS SUEÑOS?

Existen
los sueños
en otras galaxias?
o es apenas….,
un mito
o una falacia?

O seres
de otros hemisferios,
urdieron misterios
surrealistas,
donde las aristas
distan
y las distancias
se opacan?

Seres
mutantes
de infinitas vidas,
de marchitos ríos,
de otros tiempos,
de otras mañanas,
donde podían ver
las flores,
colgadas
de sus ventanas

Donde
el hombre reía,
cuando tenía
ganas,
y la mujer
suspiraba,
cuando de amor
se trataba

Donde la gratitud
al cielo…,
nunca quedaba
guardada

BEBE PATÁN

Tengo el alma,
partida en pedacitos,
y muchos mordisquitos,
de cariño entrañable,
aquí, en mi corazón

Viste la luz
por apenas, un momento
y ví tu luz, que me penetró
muy adentro

Llegaste..,
con dos alas invisibles,
y con ellas te fuiste,
volando muy lejos..,
donde, por ahora,
no tendremos
nuestro habitual.., encuentro

Querido Patán,
fuiste mi alegría,
por unos pocos días,
y me iluminaste,
con tu simpatía

Sacudías tu cola,
mientras comías,
mientras…, yo te acariciaba,
y tú me sonreías

Fuiste..,
mi bebé mimado
y ya comenzabas,
a ladrar, cuando me veías

Te lloro, te extraño,
te quiero y me desespero,
sabiendo…
que te fuiste al cielo

Supe…, con ese abrazo,
que nos estábamos
despidiendo, lo supe….,
lo presentí…,
y me sirve de consuelo

Nunca…, podré olvidarte,
cachorro de mi desvelo,
porque en mí,
dejaste huellas…,
las huellas, del desconsuelo

BOLSILLO FLACO

Cuando
el bolsillo
es flaco
y los nutrientes
faltan,
los niños
mueren…,
porque el dinero,
no alcanza

Y los pobres
padecen
y perecen,
por faltas

Faltas
de todo
y de raciocinio,
de aquél
que todo tiene
y solo llena
sus arcas

Ellos…, viven
como monarcas,
en sus castillos
blindados

Y los otros…,
los pobres
de siempre,
pernoctan,
en agujeros
lloran,
cuando pueden,
y ríen,
cuando
reciben
alguna migaja

No conocen
la ternura
y con premura..,
hurtan
con premura..,
matan
con premura
drogan
sus cuerpecitos
sin alma,
porque..,
nada les importa

Sólo..,
que les hace
mucho ruido,
el crujido
de sus dientes
y el sonido
de sus panzas'''

ELLA…., SE PREGUNTA

Ella….,
se pregunta
si los sueños,
preceden
a la esperanza,
o es que tal vez,
perecieron?,
o es que llegarán
a ultranza?

Que son los sueños?
perecen
como nosotros,
cuando de vivir
se cansan?

O son tal vez,
hechiceros
que murieron
en sus trampas?

Sin besos
y mal vestidos,
 se sugieren
desnutridos,
y es por eso
que no crecen?

Munidos
de tantas respuestas,
se definen así…
como propuesta

Los sueños son….,
como niños
caprichosos,
que a veces
dichosos,
que a veces
miedosos
que otras…,
muy atrevidos

DE UNO A OTRO LADO

Se infló
de ironía,
caminó
hacia el pasado,
saltó
por su memoria
de uno..,
a otro lado

Amortiguó
los golpes,
con el zumbido
del viento helado

Se colocó
las gafas,
aún,
cuanto congelado

Y en la realidad
de su cuasi
fantasía,
vestía
su cerebro
de claro,
para poder
recordar

Trepó
por esteros
y por senderos
sinuosos
y aquéllos caminos,
que otrora
virtuosos,
ahora…,
le negaron
presurosos,
la alfombra
a su caminar

Amena mañana,
de pana
y silencio,
que espera
el encuentro
con las mismas
sombras,
que arrancadas
fueran,
para dejarlo pasar

LA VIDA DESPUES DE LA VIDA

La vida
después de la vida,
la felicidad
después de la muerte

La emoción
descubierta,
de sentirse vivo
y la repulsión
por no haber
disfrutado,
esa suerte

De haber creído
al propio enemigo,
y haber pensado,
que ese amor
maltratado era ...,
el verdadero amor,
que repleto
de desamor,
se hallaba instalado

Y sin embargo,
aquello era...,
solo un trofeo
de posesión,
que sin emoción alguna,
era un monstruo
del engaño

Ruin,
cuanto callado
y amenazante,
de misterios ocultos,
que no rinden
ningún culto,
más que el de
la hipocresía

Personas....
que invaden ajenas,
el verdadero mundo
y nos marcan y desvían,
del verdadero rumbo

DONDE SOLO HAYA PAZ

Navegar,
por océanos
pensativos
y por caminos,
de mares
vecinos

Huír,
de los cometas
y de las lunas,
observar
las tunas
y abandonar,
el timón

Soñar
con un mundo
transparente,
de aguas cristalinas
y parapentes

De mares,
sin angustias
y de vientos,
sin tormentos

Donde
el barranco,
nos prepare
el camino
y nos enseñe
el destino,
con toda
sinceridad

Donde
los crímenes
de los mediocres,
no existan
donde sólo,
'haya paz'

PASITOS LENTOS

Como ahogados,
fatigados
 y cansados,
dificultosos
mostraban
su ajetreado,
caminar

Arrastraban,
la prestancia,
la elegancia,
de otros tiempos

De su altura,
la estatura diminuta,
de un grande

Las nubes,
cubrieron,
un vasto espacio,
se sentían,
observadas
y elegidas

Lloraban,
de vez en cuando,
acompañando,
al que no quería,
al que se resistía,
al que un día,
se marchó

OJOS TRISTES

Senil,
su mirada
lacónica,
apoya
en la almohada,
sus recuerdos

Su dolor,
su cansancio,
sus canas,
emanan un gesto,
de alegrías
vanas

Se mueve,
sin ganas,
se siente
agotada

Su miedo
a la muerte,
invade
su cuerpo,
que inerte,
se percibe,
en su cara

Sus ojos
celestes
tristes,
sin brillo
de vida
y una mantilla
de tul, que cuelga
de su cama

Toma
en sus manos
el rosario aquél,
que siempre
como amigo fiel,
la acompañaba

El tiempo,
se mide incierto
y los minutos pasan,
y en su memoria,
los buenos sueños,
la alcanzan

ÍNDICE

www.ingramcontent.com/pod-product-compliance
Lightning Source LLC
LaVergne TN
LVHW020052210726
843507LV00015B/1763